L'esprit de M. de Talleyrand,

anecdotes, bons mots, citations

recueillis par

Louis THOMAS

L'esprit de M. de Talleyrand,

anecdotes, bons mots, citations

recueillis par

Louis THOMAS

et complémentés

par Christophe Noël

Copyright © Louis THOMAS,
Christophe NOËL, 2022
Édition : BoD – Books on
Demand, info@bod.fr
Impression : BoD – Books on
Demand, In de Tarpen 42,
Norderstedt (Allemagne)
Impression à la demande

Illustration : Prud'hon - Portrait de Charles-Maurice de Talleyrand-Périgord en habit de grand chambellan -Musée Carnavalet

ISBN : 978-2-3224-5429-7

Dépôt légal : Novembre 2022

Également disponibles :

Nasr Eddin Hodja/Djeha :
Les Très-mirifiques et Très-édifiantes Aventures du Hodja (Tome 1)
Nasr Eddin Hodja rencontre Diogène (Tome 2)
Nasr Eddin sur la Mare Nostrum (Tome 3 disponible chez l'auteur uniquement)
Le Sottisier de Nasr Eddin (Tome 4) disponible également chez l'auteur en format A4 - grands caractères)
Nasr Eddin en Anglophonie (Tome 5)
Avant Nasr Eddin – le Philogelos (Tome 6)
Les Plaisanteries – Decourdemanche (Tome 7)
Candeur, malice et sagesse (Tome 8)
Les nouvelles Fourberies de Djeha (Tome 9)

Humour :
Le Pogge – Facéties – les Bains de Bade – Un vieillard doit-il se marier
Contes et Facéties d'Arlotto
Fabliaux Rigolos (anonymes du XII° et XIII° s. en français moderne)
Nouvelles Récréations et Joyeux Devis – Bonaventure des Périers
La Folle Enchère – Mme Ulrich/Dancourt
Les Contes aux Heures Perdues du sieur d'Ouville
La Nouvelle Fabrique – Philippe d'Alcrippe
Le Chasse-Ennui – Louis Garon
Anecdotes de la Vie Littéraire – Louis LOIRE
Les Fabuleux succès de la politique Sociale d'E Macron – Chris Noël

Fabliaux - Nouvelles :
Fabliaux Coquins (anonymes du XII° et XIII° s. en français moderne)
Lais & Fables de Marie, dite de France (en français moderne)
Les Nouvelles de Bandello (1 à 21)
L'Oiseau Griffon - M.Bandello et F.Molza
Le Point Rouge – Christophe Voliotis

Philosophie :
Les Mémorables – Xénophon
La Cyropédie ou Education de Cyrus – Xénophon (à paraître)
Fontenelle – La République des Philosophes

Romans/Divers :
L'École des Filles (chez TheBookEdition)
Sue Ann (chez TheBookEdition)
Rien n'est jamais acquis à l'homme

Nota : tous ces ouvrages sont disponibles en format papier ET e-book

Au format e-book exclusivement :

Nathalie et Jean-Jacques – recueil de nouvelles
Jacques Merdeuil – nouvelle - version française (chez Smashwords/Google)
Le Point Rouge –nouvelle - version française (chez Smashwords/Google)

Les Fabulistes :
Les Ysopets – 1 – Avianus
Les Ysopets – 2 – Phèdre – *version complète latin-français*
Les Ysopets – 2 – Phèdre – version Découverte en français
Les Ysopets – 3 – Babrios – version Découverte en français
Les Ysopets – 4 – Esope – version Découverte en français
Les Ysopets – 5 – Aphtonios – version en français

Les Fabulistes Classiques – 1 – Bensérade
Les Fabulistes Classiques – 2 – Abstémius - Hecatomythia I et II
Les Fabulistes Classiques – 3 – Florian
Les Fabulistes Classiques – 4 – Iriarte – Fables Littéraires
Les Fabulistes Classiques – 5 – Perret – 25 Fables illustrées

Philosophie/Politique :
De la Servitude volontaire – ou Contr'Un – La Boétie
La Désobéissance civile - Thoreau

Humour :
Histoire et avantures de Milord Pet
Eloge du Pet
Discours sur la Musique Zéphyrienne

PRÉFACE

Je réunis ici quelques anecdotes sur M. de Talleyrand, et les mots qui sont venus jusqu'à nous de cet esprit rare, à qui les gens moraux ont fait une réputation fâcheuse, quoique, en qualité de ministre des Affaires étrangères et d'envoyé diplomatique, il ait plus fait pour notre pays que cinquante généraux et qu'un millier de prédicants.

L'on trouvera ici tout ce qui m'a semblé spirituel ou révélateur, touchant le caractère de M. de Talleyrand et l'opinion qu'avaient de lui ses contemporains. Je ne prétends pas que tout cela ait été dit : chacun sait que la valeur principale des anecdotes consiste, non en ce qu'elles sont vraies, mais en ce qu'elles s'accordent parfaitement avec le caractère des personnes à qui elles sont attribuées.

Or, rien qui ne soit possible avec un homme comme M. de Talleyrand ; des natures aussi souples sont, de même que la réalité, impénétrables et multiples.

Cependant je voudrais qu'il me fût permis de manifester en peu de mots l'admiration que l'on prend pour une si merveilleuse intelligence, à la voir se montrer en tant d'occasions. M. de Talleyrand ne fut pas un Socrate, ni un Brutus ; mais il n'est pas besoin de Socrates ni de Brutus dans une société policée ; ce fut, pendant une longue carrière, l'esprit le plus sage, le plus avisé, le plus prompt à deviner, dans les hommes ou les événements qui passaient devant lui, les causes de faiblesse ou de grandeur, et à saisir ce qui allait être demain, pour les nations et les trônes, la victoire ou la ruine. Cela est beaucoup.

Je laisse à quelques pédants le soin de dire, de répéter, que toutes les actions de M. de Talleyrand ne furent pas inspirées par les dogmes de la morale : cela fait partie d'une philosophie devant laquelle je ne saurais me courber. Cependant, lorsque dans un état, on voit depuis cent ans la folie chrétienne et la sotte logique se disputer le soin de conduire une nation à sa ruine, il serait peut-être plus sage de revenir à ces principes réalistes qui firent de nous les maîtres de l'Europe pendant des années, pendant des siècles même. À examiner froidement les choses, la raison d'état excuse, que dis-je, elle commande des actes qui peuvent blesser une conscience timorée ou abrutie ; et les sages, ne s'écoutant point, obéissent à cette nécessité supérieure. Les habiles sont ceux qui ont l'art d'accorder leur ambition personnelle avec le bien de l'état. C'est ce que fit M. de Talleyrand ; c'est ce qu'ont omis de faire les panamistes, les actionnaires de chemin de fer de Bagdad, et, pour parler net, toute la racaille parlementaire dont l'impéritie, l'avidité et la sottise nous ont réduit à n'être plus qu'une nation secondaire dans le monde.

Il me semble impossible que les esprits pondérés ne soient pas avec moi : le malheur est que les plus énergiques se sont faits les clients de ce gouvernement de marauds, et que les autres ne savent pas trouver en eux-mêmes l'audace suffisante pour lui allonger un coup de pied quelque part.

Louis THOMAS

L'ESPRIT

DE

M. de TALLEYRAND
(1754 – 1838)

1. M. de Talleyrand, il le disait lui-même, « n'avait jamais couché sous le même toit que ses père et mère ».

-oxo-

2. M. de Talleyrand fit de fortes études théologiques à Saint-Sulpice et en Sorbonne. Plus tard, il aimait à dire que c'était à la théologie qu'il devait cette sagacité instinctive, cette mesure d'esprit et d'expression qui l'avaient fait remarquer dans les grandes affaires.

-oxo-

3. M. de Talleyrand, qui n'était encore que petit abbé, fut invité à un dîner où il ne connaissait personne ; au moment de passer à table, une des invitées arriva en retard. Comme elle entrait et qu'on lui présentait diverses personnes, M. de Talleyrand fit : « Ah ! ah ! »

À table, il ne dit mot, mais dans la soirée, la dame s'approcha de lui et lui demanda pourquoi, à sa vue, il avait dit : « Ah ! ah ! »

M. de Talleyrand la regarda de son air le plus fin et le plus impertinent et lui répondit :

— Je n'ai pas dit : « Ah ! ah ! » madame ; j'ai fait : « Oh ! oh ! »

Ce fut sur ce mot que commença à s'établir sa réputation d'homme d'esprit.

-oxo-

4. Un jour, à la toilette de Madame du Barry, chacun des assistants racontait ses prouesses galantes.

L'abbé de Périgord, qui aurait pu présenter une liste comparable à celle de don Juan, se taisait ; mais il laissait errer sur ses lèvres un sourire malin. Madame du Barry, le voyant ainsi, lui demanda à quoi il songeait.

« Hélas, madame, répondit M. de Talleyrand d'un air paterne, je faisais une réflexion bien triste,

— Et laquelle ?

— Ah ! madame, Paris est une ville dans laquelle il est bien plus aisé d'avoir des femmes que des abbayes. »

Le mot, rapporté à Louis XV, lui plut singulièrement, et Sa Majesté trouva que ce n'était pas trop de deux abbayes pour en récompenser l'auteur.

-oxo-

5. Rhulières se plaignait dans un souper de ceux qui voulaient le faire passer pour méchant.

« Sur mon honneur ! disait-il, je suis le meilleur homme du monde. J'ai beau fouiller dans ma conscience, je n'y trouve, dans toute ma vie, qu'une seule méchanceté.

— Quand finira-t-elle ? » demanda M. de Talleyrand.

-oxo-

6. On parlait de Leibnitz à M. de Talleyrand. Il répondit :
« Un homme qui excelle à mettre de l'encre noire sur du drap noir. »

-oxo-

7. M. de Talleyrand faisant sa cour à une dame, l'assaillait de ses épîtres ; elle les lui renvoya, disant que ces papiers n'étaient bons qu'à lui servir de torche-culs.

Il les retourna en y joignant ce quatrain

> Petits papiers, je vous envie,
> Allez, suivez votre destin,
> Mais en passant, je vous en prie,
> Annoncez-moi chez le voisin.

-oxo-

8. Lorsque l'Assemblée des notables fut décidée, la cour chercha à s'assurer l'abbé de Périgord qui, par sa naissance, semblait devoir se ranger parmi les défenseurs de la couronne.

On raconte qu'à l'une des réunions, le comte d'Artois s'étant approché de l'abbé, lui demanda des conseils.

« Il faudrait sacrifier deux têtes, répondit le notable interpellé... deux, pas plus... Plus tard il en faudra bien davantage.

— Et lesquelles ?

— La tête du duc d'Orléans et celle de Mirabeau.

— Je pense comme vous ; mais jamais mon frère n'y consentira.

— En êtes-vous sûr, monseigneur ?

— Trop sûr.

— En ce cas, dit M. de Talleyrand, je passe de l'autre côté. »

-oxo-

9. Madame de Staël, qui partageait avec Madame de Flahaut les préférences de M. de Talleyrand, voulut un jour savoir de celui-ci laquelle des deux il aimait le mieux. Madame de Staël insistait beaucoup sans pouvoir obliger le galant abbé à se prononcer.

« Avouez, lui dit-elle, que, si nous tombions toutes deux ensemble dans la rivière, je ne serais pas la première que vous songeriez à sauver ?

— Ma foi, madame, c'est possible, vous avez l'air de savoir mieux nager. »

-oxo-

10. Dans une des premières séances de l'Assemblée constituante, comme il s'agissait d'élire le président, M. de Mirabeau demanda la parole pour indiquer à ses collègues les conditions de caractère et de talent qu'ils devaient chercher dans celui qui serait appelé par l'élection à l'honneur de présider l'Assemblée. Il entra dans l'énumération des qualités avec un détail de circonstances tel, qu'il n'était pas possible de ne pas reconnaître l'orateur lui-même dans l'idéal qu'il présentait d'un président accompli.

M. de Talleyrand, craignant qu'une partie de l'Assemblée n'eût pas suffisamment compris, ajouta de manière à être entendu de ceux qui l'entouraient :

« Il ne manque qu'un trait à ce que vient de dire M. de Mirabeau ; c'est que le président doit être marqué de la petite vérole. »

-oxo-

11. Lorsqu'il fut nommé évêque d'Autun, en 1789, M. de Talleyrand commanda un superbe carrosse épiscopal qui lui faisait grand honneur. Mais, déjà criblé de dettes, il ne le paya point. Après avoir longtemps attendu, le carrossier prit le parti de se tenir tous les jours à la porte de l'hôtel de Monseigneur, le chapeau à la main et saluant très bas lorsque l'évêque montait en voiture. Après quelques jours, M. de Talleyrand intrigué lui demanda :

« Et qui êtes-vous, mon ami ?

— Je suis votre carrossier, Monseigneur.

— Ah ! vous êtes mon carrossier. Et que voulez-vous, mon carrossier ?

— Être payé, Monseigneur...

— Ah ! vous êtes mon carrossier et vous voulez être payé... Vous serez payé, mon carrossier.

— Et quand, Monseigneur ?

— Hum ! murmura l'évêque, s'établissant confortablement dans son carrosse neuf... Vous êtes bien curieux. »

-oxo-

12. Un jour, à l'Assemblée constituante, M. de Talleyrand réfutait un discours de Mirabeau… Celui-ci s'écria :

« Attendez ! je vais vous enfermer dans un cercle vicieux.

— Vous voulez donc m'embrasser ! » repartit M. de Talleyrand.

-oxo-

13. Du temps où M. de Talleyrand était évêque d'Autun, son intendant se présenta un jour devant lui, et lui dit : « Monseigneur, voilà quinze jours que l'argent me manque.

— Ah ! et comment as-tu fait ?

— J'ai fait de mon mieux.

— C'est très bien, fais encore de même. »

-oxo-

14. Le 14 juillet 1790, montant à l'autel pour célébrer la messe à la fête de la Fédération, M. de Talleyrand se pencha vers La Fayette, et lui dit tout bas :

« Vous savez, vous… Ne me faites pas rire. »

-oxo-

15. Après le vote de la Constitution civile du clergé, M. de Talleyrand écrivait à sa maîtresse, Madame de Flahaut : « Après tous les serments que nous avons faits et rompus, après avoir tant de fois juré fidélité à la constitution, à la nature, à la loi, au roi, toutes choses qui n'existent plus que de nom, qu'est-ce qu'un nouveau serment signifie ?… »

-oxo-

16. Le 10 août 1792, en sa qualité de membre influent du directoire de la Seine, avec Roederer, procureur-syndic de la Commune, M. de Talleyrand accompagna Louis XVI lorsque le roi quitta les Tuileries pour se rendre au milieu des députés de l'Assemblée législative.

Vergniaud présidait la séance. M. de Talleyrand lui fit passer ces mots écrits au crayon : « Il faut le suspendre de toutes ses fonctions et l'envoyer à la Tour du Temple. »

Vergniaud fit un signe affirmatif et renvoya à M. de Talleyrand son billet avec cette réponse : « C'est chose convenue ! »

-oxo-

17. M. de Talleyrand ayant prêté serment à la constitution civile du clergé, fut excommunié par le pape.

Le soir où il l'apprit, M. de Talleyrand écrivit à Madame de Flahaut : « Ma chère amie, c'est aujourd'hui que la bulle du Pape me voue à l'esprit des ténèbres ; j'irai souper ce soir avec vous ; le diable, en me voyant dans la compagnie d'un ange, n'osera pas m'emporter, quand même j'aiderais à ma damnation… Bonjour, brûlez ce billet. »

En même temps l'excommunié écrivit au duc de Lauzun (Biron) : « Vous savez la nouvelle, l'excommunication ; venez demain me consoler et souper avec moi. Tout le monde va me refuser le feu et l'eau ; aussi nous n'aurons ce soir que des viandes glacées et nous ne boirons que du vin frappé. »

-oxo-

18. M. de Talleyrand, envoyé en 1792 à Londres, fut reçu très froidement par Georges III lorsqu'il se présenta à son grand lever, et la reine lui tourna le dos avec dédain.

« Elle a bien fait, dit M. de Talleyrand à M. de Biron qui l'avait accompagné, car Sa Majesté est fort laide. »

-oxo-

19. Pendant l'émigration, dans les couloirs d'un théâtre, quelqu'un examinait M. de Talleyrand avec une curiosité à peine polie. À la fin, M. de Talleyrand, impatienté, lui en demanda la raison.

« Cela vous gêne, monsieur, dit le quidam, narquois ; un chien peut bien regarder un évêque.

— Comment savez-vous que je suis évêque ? » riposta M. de Talleyrand.

-oxo-

20. Lorsque le Consulat fut formé et son personnel nommé, M. de Talleyrand proposait à ceux qui trouvaient la formule de *citoyen premier consul, citoyen second* et *citoyen troisième consul* trop longue, de l'abréger par ces trois mots latins, *hic, haec, hoc*.

M. de Montrond achevait sa pensée, en ajoutant *hic* pour le masculin, *haec* pour le féminin, *hoc* pour le neutre, faisant allusion au rôle que chacun des personnages. Napoléon, Cambacérès et Lebrun, pouvait jouer dans cette trinité du pouvoir.

-oxo-

21. On parlait de l'esprit profond de Sieyès.

« Profond ? s'écria M. de Talleyrand ; vous voulez dire creux. »

-oxo-

22. Un jour où M. de Talleyrand avait décoiffé Ida Saint-Elme, le ministre prit une à une les boucles de la jeune femme, et les roulant dans des billets de mille francs en guise de papillotes, se mit à la recoiffer.

Ida Saint-Elme s'apercevant du manège, prenait ses boucles une à une et les lui présentait en disant :

« Monseigneur, en voilà encore une. »

-oxo-

23. M. de Fontanes parlait à M. de Talleyrand des *Martyrs* et de Cymodocée et d'Eudore dévorés par les bêtes.

« Comme l'ouvrage ! » fit M. de Talleyrand.

-oxo-

24. Madame Luchesini, femme de l'ambassadeur de Prusse, qui avait la réputation d'être belle, nonobstant ses formes athlétiques, fut présentée à M. de Talleyrand.

On lui demanda, après, comment il la trouvait :

« Bien, répondit-il ; mais nous avons mieux que cela dans la garde du premier consul. »

-oxo-

25. À table, un jeune homme placé entre Madame de Staël et Madame Récamier, eut l'idée singulière de dire :

« Je suis entre l'esprit et la beauté.

— Oui, fit M. de Talleyrand, sans posséder l'un ni l'autre. »

-oxo-

26. Il dit un jour : « La plupart des jolies femmes perdent à se laisser connaître ce qu'elles gagnent à se faire voir. »

-oxo-

27. Bonaparte, alors Premier Consul, ayant chargé Roederer de rédiger un projet de Constitution pour la République cisalpine, Roederer présenta deux projets, l'un, fort court, qui se bornait à l'établissement des pouvoirs, l'autre, mêlé de dispositions qui pouvaient tout aussi bien être laissées au pouvoir législatif.

En remettant ces projets à M. de Talleyrand, Roederer le pria de conseiller au Premier Consul de prendre la première : « Il faut, disait-il, qu'une Constitution soit courte et... » Il allait ajouter « claire ».

M. de Talleyrand l'interrompit :

« Oui, courte et obscure. »

-oxo-

28. Après la suppression du duc d'Enghien, M. de Talleyrand répondit à un ami qui lui conseillait de donner sa démission : « Si, comme vous le dites, Bonaparte s'est rendu coupable d'un

crime, ce n'est pas une raison pour que je me rende coupable d'une sottise. »

-oxo-

29. M. de Talleyrand disait de ce même fait historique :
« C'est pire qu'un crime, c'est une faute. »

-oxo-

30. Un ami de M. de Talleyrand lui demandait, dans le secret de l'intimité, comment Madame Grand, avec toute sa bêtise, avait pu le subjuguer.

— Que voulez-vous, répondit-il, madame de Staël m'avait tellement fatigué de l'esprit, que j'ai cru ne pouvoir jamais donner assez dans l'excès contraire. »

-oxo-

31. M. de Talleyrand disait encore, à propos de sa femme :
« Un homme d'esprit devrait toujours épouser une sotte, car les bêtises d'une sotte ne compromettent qu'elle, et celles d'une femme intelligente compromettent son mari. »

-oxo-

32. M. de Talleyrand ayant envoyé chercher M***, célèbre financier-munitionnaire, on vint lui dire qu'il était allé prendre les eaux de Barrèges.

« Je le reconnais bien là ! s'écria le ministre, il faut toujours qu'il prenne quelque chose. »

33. Lorsque M. de Talleyrand présenta sa femme à l'empereur, celui-ci lui dit, avec sa rapidité ordinaire, qu'il espérait que sa conduite, à l'avenir, serait telle qu'il convenait à son nouveau rang.

M. de Talleyrand répondit pour elle que Madame de Talleyrand s'efforcerait de régler en tout sa conduite sur celle de Sa Majesté l'Impératrice.

-oxo-

34. « Monsieur de Talleyrand, lui disait un jour Napoléon, on prétend que vous êtes fort riche.

— Oui, Sire.

— Mais extrêmement riche.

— Oui, Sire.

— Comment donc avez-vous fait ? Vous étiez loin de l'être à votre retour d'Amérique.

— Il est vrai, Sire ; mais j'ai acheté, la veille du 18 brumaire, tous les fonds publics que j'ai trouvés sur la place, et je les ai revendus le lendemain. »

-oxo-

35. L'Empereur plaisantait M. de Talleyrand sur une bévue de sa femme :

« Soit, dit celui-ci, c'est la plus bête que j'ai pu trouver. »

-oxo-

36. Regnault, député de la ville de Saint-Jean d'Angély, était de ceux qui couraient le plus après les nouveaux titres que semait Napoléon.

Il laissa paraître devant M. de Talleyrand la joie qu'il éprouvait d'être tout récemment nommé comte (il se faisait dès lors appeler le comte Regnault de Saint-Jean d'Angély); il en vint même à dire qu'il lui serait facile, s'il ne dédaignait cela, d'établir, malgré la différence d'orthographe des noms, qu'il descendait des Renaud de Montauban.

« Mais c'est bien possible, interrompit M. de Talleyrand; c'est peut-être par les Saint-Jean d'Angély. »

-oxo-

37. Le général D*** parlait avec chaleur dans un cercle où se trouvait M. de Talleyrand de diverses personnes qu'il qualifiait de *pékins*.

« S'il vous plaît, général, lui dit le prince, qu'appelez-vous *pékins* ?

— Nous autres, répondit le général, nous appelons *pékin* tout ce qui n'est pas militaire.

— Ah! fort bien! reprit M. de Talleyrand; tout comme nous, nous appelons *militaire* tout ce qui n'est pas *civil*. »

-oxo-

38. On s'étonnait devant M. de Talleyrand de l'audace avec laquelle un petit voleur en guenilles avait osé se mettre une magnifique cravate qu'il venait d'escamoter.

« Parbleu! dit-il, ne voyez-vous pas que c'était pour cacher son *coup ?* »

-oxo-

39. M. de Talleyrand créa, à l'usage des généraux de l'Empire, l'épithète de *traîneurs de sabre*.

-oxo-

40. M. de Talleyrand venait de donner un poste diplomatique à un jeune homme qui lui avait été très recommandé. Le nouveau consul alla le remercier et, pour mieux lui exprimer sa gratitude, lui dit :

« Monseigneur, je vous suis d'autant plus reconnaissant que c'est la première fois de ma vie que j'ai de la chance...

À ces mots, M. de Talleyrand fit un geste :

« Vraiment, dit-il, vous n'êtes pas heureux ?

— Oh ! non, monseigneur, répondit l'autre, je ne l'ai jamais été.

— Alors, tant pis, monsieur, tant pis, il n'y a rien de fait. En politique, voyez-vous, il faut être heureux. »

Et il le renvoya impitoyablement.

-oxo-

41. M. de Talleyrand disait des parvenus :

« On voit qu'il n'y a pas longtemps qu'ils marchent sur des parquets. »

-oxo-

42. Lorsque M. de Talleyrand fut nommé prince de Bénévent, il répondait à ceux qui le félicitaient :

« Passez chez madame de Talleyrand ; les femmes sont toujours charmées d'être princesses. »

-oxo-

43. Le baron de Gagern rapportait qu'étant à Varsovie et passant des matinées entières auprès de M. de Talleyrand, qui venait d'être créé prince de Bénévent, une des premières choses qu'exigea M. de Talleyrand fut que son interlocuteur ne l'appelât plus *Votre Altesse*, mais simplement M. de Talleyrand, et sur ce mot d'*Altesse*, il lui arriva de dire : « Je suis moins, et peut-être plus. »

-oxo-

44. Une dame, nommée à une charge de cour, devait prêter serment entre les mains du prince de Bénévent, grand-chambellan de Sa Majesté. Elle se rendit chez lui dans une parure fort élégante, mais un peu leste, et qui convenait plutôt pour un bal que pour une audience. Le prince, qui avait tout remarqué, lui dit en souriant :

« Voici, madame, une jupe bien courte pour un serment de fidélité. »

-oxo-

45. Napoléon voulant appeler près de sa personne M. d'Aligre, ancien membre du Parlement et alors chambellan de Madame Murat, grande duchesse de Berg, celui-ci préféra garder son

poste.

M. de Talleyrand calma le mécontentement impérial, en disant : « Ce que fait d'Aligre est tout simple ; ancien président, son père président, son grand-père président, il faut bien qu'il soit le chambellan d'une femme... Il a à soutenir l'honneur de la robe. »

-oxo-

46. « Ah ben, ma foi, disait à M. de Talleyrand, après un repas diplomatique, la maréchale Lefebvre ; vous nous avez fait faire là un fier fricot ! Cela a dû vous coûter gros.

— Laissez donc, madame la maréchale, reprit M. de Talleyrand, ça n'est pas le Pérou. »

-oxo-

47. Un jour, M. de Talleyrand rencontra dans un salon des Tuileries un chambellan d'une princesse impériale, ancien duc et pair.

« Félicitez-moi, Monseigneur, dit celui-ci au grand-chambellan ; l'empereur vient de me nommer comte...

— Comment donc, repartit M. de Talleyrand, je vous félicite bien sincèrement, d'autant plus qu'il faut espérer qu'à la première promotion vous serez baron. »

-oxo-

48. L'empereur tenait à l'estime du faubourg Saint-Germain. Après la victoire d'Austerlitz, s'adressant à M. de Narbonne, un de ses aides-de-camp, dont la mère était connue pour son antipathie contre l'empereur, il lui dit :

« Eh bien ! votre mère commence-t-elle à m'aimer enfin ? »

M. de Talleyrand, voyant que M. de Narbonne hésitait à répondre, prit la parole et dit à Napoléon :

« Sire, madame de Narbonne n'en est encore qu'à l'admiration. »

-oxo-

49. Un jeune auditeur au Conseil d'État, admis chez M. de Talleyrand, parlait de sa sincérité et de sa franchise.

« Vous êtes jeune, lui dit M. de Talleyrand ; apprenez que la parole a été donnée à l'homme pour dissimuler sa pensée. »

-oxo-

50. « Il est heureux pour madame D***, disait M. de Talleyrand, qu'elle n'ait pas de dents, car sans cela elle serait aussi laide que madame L***. »

-oxo-

51. Dans une scène terrible à laquelle assistait le général Bertrand, Napoléon, lançant à M. de Talleyrand les plus sanglants reproches, termina par cette explosion : « Tenez, monsieur, vous n'êtes que de la merde dans un bas de soie. »

M. de Talleyrand ne broncha point ; en sortant, il dit à mi-voix à son voisin le plus proche : « Quel dommage qu'un si grand homme soit si mal élevé. »

-oxo-

52. M. de Talleyrand menait grand train. Un jour qu'il trouvait apparemment que sa maison se relâchait, il dit à sa nièce, la duchesse de Dino[1] : « Gâche-t-on ici ?

— Mais oui, répondit la duchesse, prenant l'observation pour un reproche.

— Pas assez ; qu'on gâche davantage ! »

-oxo-

53. « Que pense-t-on de moi dans les cours du Nord ? demandait Napoléon à M. de Talleyrand, au retour d'une mission.

— Sire, les uns disent que vous êtes un dieu, les autres, un diable… mais personne ne vous croit un homme. »

-oxo-

54. Le comte Louis de Narbonne, un de ceux que M. de Talleyrand aima le mieux, s'il aima quelqu'un, se promenait avec lui en récitant des vers de sa façon.

M. de Talleyrand aperçut un promeneur qui bâillait :

« Regarde donc, Narbonne, dit-il à son ami, tu parles toujours trop haut. »

-oxo-

55. « Monseigneur, disait un solliciteur à M. de Talleyrand, votre Excellence a bien voulu me promettre de faire quelque chose pour moi ; telle place est vacante.

— Vacante ! reprit le ministre, très bien ! Que voulez-vous que

---

[1] Sa nièce par alliance et maîtresse.

j'y fasse ?... Apprenez donc que quand une place est vacante, elle est déjà donnée. »

-oxo-

56. Fouché était fort laid. Entrant un jour au Conseil, il se plaignit de la maladresse de son cocher, qui lui avait envoyé un coup de fouet dans la figure.

« C'est bien désagréable, lui dit M. de Talleyrand, il suffit qu'on ait mal quelque part pour qu'on vous y attrape. »

-oxo-

57. Lorsque M. Maret fut fait duc de Bassano, M. de Talleyrand dit : « Je ne connais qu'un homme plus bête que M. Maret, c'est le duc de Bassano. »

-oxo-

58. Un officier, qui avait le débit difficile et entrecoupé, racontait à table un de ses exploits. En franchissant un fossé, il était tombé, avec son cheval, dans un trou plein de boue et de purin. L'officier racontait qu'il s'empêtrait, s'embourbait...

« J'en avais, dit-il, jusque... jusque...

— Jusqu'aux dents ! » fit M. de Talleyrand en le coupant.

-oxo-

59. M. de Talleyrand avait coutume de dire que l'esprit, qui sert à tout, ne suffit à rien.

-oxo-

60. « Moi, disait en 1809 M. de Talleyrand à quelques amis, moi qui eus toute ma vie une grande prédilection pour les formes rondes, l'empereur finira par m'en dégoûter.

— Et pourquoi donc. Monseigneur ? Demanda M. de Montrond.

— À cause des boulets de canons. »

-oxo-

61. Aux Tuileries, au retour de la guerre d'Espagne, l'empereur dit à M. de Talleyrand : « Je ne sais ce qui me retient de vous faire pendre ! » Puis : « Le duc de San Carlo est l'amant de votre femme ; vous ne me l'aviez pas dit !

— Je ne pensais pas. Sire, qu'une confidence de cette nature pût intéresser la gloire de Votre Majesté, ni la mienne. »

-oxo-

62. M. de Talleyrand prétendait qu' « en politique, on ne meurt que pour ressusciter. »

-oxo-

63. Quand on apprit aux Tuileries les désastres de la grande armée en Russie : « Voyez comme on exagère, dit M. de Talleyrand ; on disait que tout le matériel était perdu, et M. Maret vient de revenir. »

-oxo-

64. C'est à cette époque qu'il dit aussi : « C'est le commencement de la fin. »

-oxo-

65. L'empereur, irrité de l'ingratitude, du moins apparente, du prince de Bénévent, l'apostropha un jour avec colère. En terminant, il lui dit : « Vous pensez que, si je venais à mourir, vous seriez chef d'un Conseil de régence... Mais rappelez-vous bien ceci : Si je tombais dangereusement malade, vous seriez mort avant moi !

— Sire, reprit M. de Talleyrand sans se déconcerter, je n'avais pas besoin de cet avertissement pour adresser au ciel des vœux bien ardents pour la conservation des jours de Votre Majesté. »

-oxo-

66. M. de Talleyrand disait : « Je connais quelqu'un qui a plus d'esprit que Napoléon, que Voltaire, que tous les ministres passés, présents, futurs : c'est l'Opinion. »

-oxo-

67. En apprenant avec quelle facilité les armées alliées étaient entrées en Suisse en 1814, malgré le cordon de troupes que le gouvernement fédéral avait établi sur la frontière, M. de Talleyrand s'écria : « Parbleu ! Ce n'est pas étonnant ; l'empereur Alexandre a crié : le cordon, s'il vous plaît[2] ! et ces braves Suisses l'ont laissé passer. »

-oxo-

---
2 Demande qu'on adressait aux portiers.

68. Ce qui, en 1814, décida la marche des alliés sur Paris, fut le billet suivant de M. de Talleyrand, qui leur arriva près de Troyes :

« Vous tâtonnez comme des enfants, quand vous devriez marcher sur des échasses. Vous pouvez tout ce que vous voulez. Veuillez tout ce que vous pouvez. Vous connaissez ce signe, ayez confiance en celui qui vous le remettra. »

Cette lettre fut montrée par M. de Nesselrode à Madame de Boigne, peu après l'entrée des alliés dans Paris.

-oxo-

69. En 1814, quand les alliés furent à Paris, et que l'on s'agita pour savoir qui aurait la couronne, M. de Talleyrand dit :

« Les Bourbons sont un principe, le reste est une intrigue. »

-oxo-

70. Lorsque les alliés entrèrent dans Paris, la première conférence eut lieu chez M. de Talleyrand. Le Tsar Alexandre commença par ces mots :

« Hé bien ! nous voilà dans ce fameux Paris ! C'est vous qui nous y avez amené, Monsieur de Talleyrand. Maintenant, il y a trois partis à prendre : traiter avec Napoléon, établir la Régence ou rappeler les Bourbons.

— L'Empereur se trompe, répondit M. de Talleyrand, il n'y a pas trois partis à prendre, il n'y en a qu'un à suivre, et c'est le dernier qu'il a indiqué. Tout puissant qu'il est, il ne l'est pas assez pour choisir. Car, s'il hésitait, la France, qui attend ce salaire des chagrins et des humiliations qu'elle dévore en ce moment, se soulèverait en masse contre l'invasion. Et Votre Majesté Impériale n'ignore pas que les plus belles armées du monde se fondent devant la colère des peuples.

— Hé bien ! reprit l'Empereur, voyons donc ce qu'il y a à faire pour atteindre votre but ; mais je ne veux rien imposer, je ne veux que céder aux vœux exprimés du pays.

— Sans doute, Sire, il ne faut que les mettre dans la possibilité de se faire entendre. »

Quiconque sait comment se crée un mouvement d'opinion, ou du moins l'apparence de l'un de ces mouvements, comprendra comment on peut dire que la Restauration a été faite par M. de Talleyrand.

-oxo-

71. Alexandre II ayant demandé à Louis XVIII d'octroyer une constitution quelconque aux Français, le roi fit appeler M. de Talleyrand.

« Eh bien ! dit Sa Majesté au diplomate, que devons-nous faire de la Constitution du Sénat ?

— Hélas ! Sire, pas grand-chose de bon, je pense.

— Mais encore.

— Ce qu'une haute sagesse inspirera à Votre Majesté.

— Et du passé, qu'en ferons-nous ?

— Il faudra tâcher de l'oublier, Sire.

— Vous êtes donc pour une nouvelle Constitution ?

— Je suis Français, et à ce titre, je crois qu'il nous faut du nouveau, n'en fût-il plus au monde.

— Mais les anciens auront ceci en horreur ?

— Le roi, dont le droit remonte si haut, règne d'aujourd'hui.

— Depuis dix-neuf ans, Monsieur.

— Depuis l'an de grâce 987, si Votre Majesté le préfère. »

Après ce préambule à bâtons rompus, Louis XVIII fit connaître à M. de Talleyrand les principaux articles de sa charte. Le roi en était au chapitre du Corps législatif, lorsque M. de Talleyrand l'interrompit : « Si j'osais, dit-il, parler avec franchise à Votre Majesté, je me permettrais quelques observations sur une lacune.

— Laquelle ? parlez.

— Sire, il n'y a point de traitement fixe pour les membres de la Chambre des députés.

— Mais j'entends que leurs fonctions soient gratuites, elles n'en seront que plus honorables.

— Oui, Sire ; mais… gratuites… cela sera bien cher ! »

L'entretien ayant pris ensuite une nuance plus intime, le roi remercia M. de Talleyrand des services qu'il lui avait rendus. « Votre influence, ajouta-t-il, a été prodigieuse ; car, enfin, il fallait plus qu'une habileté ordinaire pour abattre le Directoire, et tout récemment la puissance colossale de Bonaparte.

— Mon Dieu, Sire, je n'ai rien fait pour cela ; seulement il y a en moi quelque chose d'inexplicable qui porte malheur aux gouvernements qui me négligent. »

-oxo-

72. Chargé de présenter à la Chambre des pairs le budget de 1814, M. de Talleyrand glissa dans son discours la remarque suivante : « Il faut convenir que le gouvernement a bien peu usé en France de cette puissance que donne la fidélité à ses engagements. »

-oxo-

73. M. de Talleyrand n'aimait pas M. de Blacas : « Je ne connais pas, disait-il, de plus habile financier que lui : vous verrez qu'en moins d'une année il aura trouvé le moyen d'économiser huit millions sur ses appointements de deux cent mille francs. »

-oxo-

74. Un jour que Louis XVIII parlait de Beugnot pour le ministère de la marine, M. de Talleyrand lui dit :

« Vraiment, je ne sais ce que le long Beugnot pourrait faire à la marine, à moins qu'il n'y fût employé en qualité de mât d'artimon. »

-oxo-

75. On commentait avec force, en 1814, les effets de la conduite du maréchal Marmont qui avait pris, suivant l'expression que l'on employa alors, l'initiative de la défection.

« Oh ! mon Dieu, dit M. de Talleyrand, cela ne prouve qu'une chose… c'est que sa montre avançait, car tout le monde était à l'heure. »

-oxo-

76. M. de Talleyrand, rencontrant le général Lamarque, un jour que celui-ci avait écrit aux journaux pour quelque explication de sa conduite, l'apostropha froidement par ces mots : « Général, je vous croyais de l'esprit. »

-oxo-

77. « Pour faire un bon secrétaire d'État à Rome, disait M. de Talleyrand, il faut prendre un mauvais cardinal. »

-oxo-

78. On parlait devant M. de Talleyrand de la Chambre des Pairs dont il discutait beaucoup l'utilité.

« Mais enfin, lui dit-on, vous y trouverez des consciences.

— Ah ! oui, beaucoup, beaucoup de consciences, répliqua-t-il ; Sémonville, par exemple, en a deux. »

-oxo-

79. Dans la curée de dignités et d'emplois qui eut lieu en 1814, l'abbé de Pradt, ex-archevêque de Malines, fut nommé grand-chancelier de la Légion d'Honneur.

Louis XVIII s'accusant un jour de ce singulier choix devant M. de Talleyrand, celui-ci lui répondit ;

« Mais, Sire, il voulait quelque chose.

— Eh bien ! dit en riant le roi, il fallait lui offrir le bâton de maréchal de France.

— Dieu nous en eût gardé. Sire ! il l'eût accepté. »

-oxo-

80. Lorsque Sémonville engraissa, M. de Talleyrand, pensif, disait : « Je voudrais bien savoir quel intérêt a donc Sémonville à engraisser ! »

-oxo-

81. En 1815, M. de Talleyrand était tellement préoccupé par le traité, qu'il se montrait presque indifférent à tous les détails et aux épisodes violents de l'occupation de Paris, se contentant de dire : « Laissez les alliés se déshonorer. »

-oxo-

82. M. de Talleyrand disait de Koreff, médecin prussien venu en 1815 et causeur inépuisable : « Ce diable de Koreff ; c'est un puits de science : il sait tout, même un peu de médecine. »

-oxo-

83. Lorsqu'on venait, en 1815, se plaindre à M. de Talleyrand du pillage des musées publics, le prince se bornait à dire : « Ce n'est pas une affaire. »

84. Canova, devenu marquis autrichien, avait été nommé, en 1815, commissaire préposé à l'enlèvement et à l'expédition en Italie des chefs-d'œuvre de nos musées.

Il prenait dans ces fonctions le titre d'ambassadeur.

« Il se trompe, dit M. de Talleyrand ; il veut dire emballeur. »

-oxo-

85. Un solliciteur recourant, vers la fin de 1815, à la protection de M. de Talleyrand pour obtenir un emploi, faisait valoir ses titres, en disant :

« J'ai été à Gand.

— En êtes-vous bien sûr ?

— Comment ?

— Oui, dites-moi franchement, y avez-vous été ou n'avez-vous fait qu'en revenir ? car j'y étais à Gand, moi… Nous y étions sept ou huit cents au plus, et, à ma connaissance, il en est revenu plus de cinquante mille. »

-oxo-

86. C'est M. de Talleyrand qui disait des émigrés ce mot devenu célèbre : « Depuis trente ans ils ont tout oublié et ils n'ont rien appris ! »

Il les appelait aussi les étrangers de l'intérieur.

-oxo-

87. « Savez-vous pourquoi j'aime assez Montrond ? dit un jour M. de Talleyrand ; c'est parce qu'il n'a pas beaucoup de préjugés.

— Savez-vous pourquoi j'aime tant M. de Talleyrand ? riposta M. de Montrond ; c'est qu'il n'en a pas du tout. »

-oxo-

88. M. de Talleyrand avait pour maîtresse la duchesse de Dino, qui était également sa nièce[3]. Ils se brouillèrent.

La duchesse, pour se consoler, se jeta dans les bras d'un jeune homme qui, par malheur, ne lui offrit pas que des consolations.

Désolée, elle revint à M. de Talleyrand, qui eut assez rapidement des preuves cuisantes de ce que la duchesse avait pensé devoir faire pour l'oublier.

« Je crois, dit-il, que nous nous sommes réconciliés un peu trop tôt. »

-oxo-

89. On attaquait devant M. de Talleyrand la duchesse de Dino. Il se taisait. Tout d'un coup, il pensa devoir prendre sa défense :
« Il y a, dit-il, des vices qu'elle n'a pas. »

-oxo-

90. Un jour, quelqu'un demandait à M. de Talleyrand l'adresse de la princesse de Vaudémont.

« Rue Saint-Lazare », répondit-il.

Puis, le numéro de l'hôtel lui échappant :

« Au surplus, ajouta-t-il, vous n'aurez qu'à demander au premier pauvre que vous rencontrerez ; ils connaissent tous sa demeure. »

-oxo-

---

3   Par alliance, étant mariée à son neveu.

91. M. de Talleyrand aimait le jeu :

« Le jeu, disait-il, occupe sans préoccuper et dispense de toute conversation trop vive. »

-oxo-

92. Un spéculateur lui demandant s'il était vrai que le roi d'Angleterre fût mort, M. de Talleyrand répondit :

« Les uns disent que le roi d'Angleterre est mort, les autres disent qu'il n'est pas mort. Pour moi, je vous le dis en confidence – surtout ne me trahissez pas ! – je ne crois ni les uns, ni les autres. »

-oxo-

93. Louis XVIII, qui, même après la sécularisation prononcée par le pape, persistait malignement à voir un évêque dans M. de Talleyrand, l'avait obligé à renvoyer sa femme en Angleterre, ce qui ne l'avait pas affligé profondément.

Un jour, à table, Louis XVIII dit à son grand chambellan, debout derrière lui : « Eh bien, duc, madame de Talleyrand est donc revenue ?

— Mon Dieu ! oui, sire, repartit M. de Talleyrand ; j'ai eu mon 20 mars. »

-oxo-

94. Le roi Louis XVIII voulant l'exiler dans ses terres, demanda à M. de Talleyrand combien il y avait de lieues de Paris à Valençay.

Sans broncher, M. de Talleyrand répondit : « Sire, il y a quatorze lieues de plus que de Paris à Gand. »

-oxo-

95. Lorsque M. de Talleyrand apprit que M. Jacquinot, conseiller à la Cour royale, venait d'ajouter à son nom celui de sa femme, née Godard, il dit à ceux qui l'entouraient : « Comment peut-on, lorsqu'on a le bonheur de s'appeler Jacquinot, joindre à ce nom celui de Godard ! »

-oxo-

96. « Qu'un homme d'esprit ait des doutes sur sa maîtresse, disait M. de Talleyrand, cela se conçoit ! Mais sur sa femme ? Il faut être bien bête ! »

-oxo-

97. M. de Talleyrand, au moment où il était le plus mal vu à la Cour, disait parfois, lorsqu'il recevait, le soir : « C'est pourtant dans ce salon que la Restauration s'est faite. »

-oxo-

98. M. de Talleyrand était décoré de plus d'ordres qu'une poitrine humaine, si large soit-elle, n'en pourrait porter. Un prince d'Allemagne le nomma commandeur de je ne sais quelle chevalerie de sa façon. Quand l'ex-évêque reçut la croix du nouvel ordre, Montrond lui dit :

« Mais, monseigneur, vous n'avez plus de place sur la poitrine pour celle-ci.

— Eh bien ! répondit M. de Talleyrand, je la porterai sur les épaules. »

-oxo-

99. Sous la Restauration, un préfet de police, informé que la pendule du foyer de l'Opéra servait, pendant les bals masqués, d'indicateur aux rendez-vous galants, envoya, par un beau zèle pour les mœurs, une estafette au directeur de l'Opéra pour lui donner l'ordre d'arrêter le balancier de l'immorale pendule. Ce qui fut aussitôt fait.

On raconta la chose devant M. de Talleyrand, qui répondit : « C'est, en vérité, pousser bien loin la manie des arrestations. »

-oxo-

100. Le 21 janvier 1827, anniversaire de la mort de Louis XVI, au moment où M. de Talleyrand entrait dans la cathédrale de Saint-Denis, le marquis de Maubreuil lui donna un soufflet retentissant.

M. de Talleyrand se contenta de dire : « Ouf ! Quel soufflet ! »

-oxo-

101. M. de Talleyrand dit un jour à un ami qui lui parlait morale : « La société est partagée en deux classes : les tondeurs et les tondus. Il faut toujours être avec les premiers contre les seconds. »

-oxo-

102. M. de Talleyrand, parlant de l'époque qui avait précédé 1789, disait : « Tout le monde s'empressait de jeter de l'esprit, personne ne songeait à en ramasser. »

-oxo-

103. Une femme qui louchait[4] demanda à M. de Talleyrand comment allaient les affaires.

« Comme vous voyez, madame. »

-oxo-

104. Un ancien émigré, parlant de l'époque de l'Empire devant M. de Talleyrand, en critiquait tous les actes ; il ne trouvait de bien que la Restauration.

« C'est juste, dit M. de Talleyrand ; sous l'Empire, on était fort en retard : on ne faisait que des merveilles ; tandis qu'actuellement on fait des miracles. »

-oxo-

105. M. de Talleyrand entrant un jour à la Chambre des Pairs et rencontrant quelques-uns de ses contemporains de l'Assemblée constituante, comme lui des premiers à la séance, s'écria : « C'est nous qui sommes encore les jeunes aujourd'hui ! »

-oxo-

106. On demandait à M. de Talleyrand ce qui s'était passé dans une séance où la discussion s'était établie entre M. d'Hermopo-

---

4 Anna Maria Tyskiewicz, Comtesse Potocka, qui était borgne selon d'autres sources, mais qui était pourtant son amie.

lis et M. Pasquier.

« Le ministre des affaires ecclésiastiques, répondit M. de Talleyrand, a été comme le *trois pour cent*, toujours au-dessous du pair. »

-oxo-

107. « L'abus des serments, dit Rivarol, est un constant aveu de l'insuffisance des promesses. »

M. de Talleyrand a dit depuis qu'un serment n'était autre chose qu'une contre-marque pour rentrer au spectacle.

-oxo-

108. Un ami de M. de Talleyrand lui racontait qu'il venait d'avoir une altercation avec Madame de Genlis, qui l'avait comblé de sottises :

« Qu'avez-vous fait ? demanda l'ex-évêque d'Autun.

— Je lui ai répondu.

— Vous avez eu tort. Il y a deux sortes de personnes dont on peut recevoir un soufflet sans jamais se fâcher : les femmes et les évêques. »

-oxo-

109. À l'époque du procès Fualdès, dont le drame se passa à Rodez, dans une maison de débauche tenue par une femme nommée *Bancal*, Madame de L***, croyant mortifier M. de Talleyrand par un mauvais jeu de mots sur son infirmité (on sait qu'il était boiteux), lui dit en entrant dans son salon :

« Mon Dieu ! monsieur, croiriez-vous bien qu'on vient d'écrire sur votre porte : *Maison Bancal* !

— Que voulez-vous, madame, reprit M. de Talleyrand, le monde est si méchant !... On vous aura vue entrer. »

-oxo-

110. M. de Talleyrand se complaisait à rappeler les souvenirs de ses rapports avec l'Empereur, et semblait trouver du bonheur à dire quelle était l'aménité et la douceur de Napoléon.

« Vous pouvez bien, lui dit Madame de Montrond, faire son éloge ; vous lui avez fait assez de mal. »

-oxo-

111. M. de Talleyrand adressant un jour la parole à Louis XVIII, lui dit : « Sire, je suis vieux. »

C'était, dit Paul-Louis Courier, une manière de lui dire : « Sire, vous êtes vieux », car ils avaient le même âge.

-oxo-

112. Quand on annonça à M. de Talleyrand la mort de Napoléon : « C'est une nouvelle, dit-il ; ce n'est plus un événement. »

-oxo-

113. M. de Talleyrand disait de M. de Chateaubriand :

« Il se croit sourd depuis qu'il n'entend plus parler de sa gloire. »

-oxo-

114. Le 29 juillet 1830, vers midi, la garde royale, abandonnant le Louvre et les Tuileries, remontait la rue de Rivoli. Lorsque la tête de cette colonne fugitive parvint vis-à-vis de l'hôtel de l'Infantado, où le trône de France avait été livré, en 1814, à la famille qui le reperdait maintenant, le vieillard habitant cet hôtel s'avança vers une pendule, et, désignant du doigt l'heure qu'elle marquait, dit à quelqu'un : « Monsieur, mettez en note que le 29 juillet 1830, à midi cinq minutes, la branche aînée des Bourbons a cessé de régner en France. »

-oxo-

115. Louis-Philippe contait à Victor Hugo que M. de Talleyrand lui avait dit un jour : « Vous ne ferez jamais rien de Thiers, qui serait pourtant un excellent instrument. Mais c'est un de ces hommes dont on ne peut se servir qu'à la condition de les satisfaire. Or, il ne sera jamais satisfait. Le malheur, pour lui comme pour vous, c'est que de notre temps il ne puisse plus être cardinal. »

-oxo-

116. Brillat-Savarin, dans sa *Physiologie du goût*, indique M. de Talleyrand, « le premier de nos diplomates, à qui nous devons tant de mots fins, spirituels, profonds », comme l'introducteur en France de ces deux usages :

1°/ servir du parmesan avec le potage, 2°/ offrir après le potage un verre de madère sec.

-oxo-

117. À Londres, M. de Talleyrand se voyait pressé de questions par un lord, au sortir d'une conférence :

« Mais, enfin, que s'est-il passé ?

— Pas moins de trois heures, mylord », répondit M. de Talleyrand,

-oxo-

118. On causait de M. Thiers devant M. de Talleyrand ; quelqu'un prononça le mot de *parvenu*.

« Vous avez tort, dit M. de Talleyrand ; il n'est point *parvenu*, il est *arrivé*. »

-oxo-

119. « Quelle est, demandait-on à M. de Talleyrand, votre opinion sur le règne de Louis-Philippe ?

— Moi, j'ai une opinion le matin, j'en ai une autre l'après-midi... mais le soir... oh ! le soir, je n'en ai plus du tout. »

-oxo-

120. « Dans le zèle, il entre toujours les trois quarts de bêtise », disait M. de Talleyrand.

-oxo-

121. Madame de Dino, qui voulait convertir M. de Talleyrand, lui dit, un jour de grande représentation où ils avaient assisté *in fiocchi*[5] à la messe :

---
5   Être *in fiocchi*, être en costume d'apparat, porter tous ses atours.

« Cela doit vous faire un effet singulier d'entendre la messe.

— Non, pourquoi ?

— Mais, je ne sais, il me semble… – et elle commençait à s'embarrasser – il me semble que vous ne devez pas vous y sentir tout à fait comme un autre.

— Moi ? si fait, tout à fait ; et pourquoi pas ?

— Mais enfin, vous avez fait des prêtres.

— Pas beaucoup », dit M. de Talleyrand sur le même ton calme.

Cependant, il ne faut pas croire pour cela que M. de Talleyrand se soit laissé berner dans l'histoire de sa conversion.

Tout montre, au contraire, qu'il agit comme il lui plut, attendant le dernier moment pour signer un papier que Rome n'eût point accepté, dans lequel il s'excusait seulement d'avoir signé la constitution civile du clergé, passant sur son mariage et tout le scandale de son existence, en vrai gentilhomme qu'il était, qui consent à traiter avec un Pape, mais non à s'abaisser devant lui.

Ce qui le prouve est la lenteur qu'il mit à terminer cette affaire, disant avec sang-froid, la veille de sa mort, à sa nièce qui venait lui demander cette signature tant escomptée par la famille : « Je signerai à quatre heures du matin. » Et encore : « Je n'ai jamais rien su faire vite et pourtant je suis toujours arrivé à temps. » Parole qui était peut-être de la plus piquante ironie.

-oxo-

122. Pauline de Talleyrand préparait sa première communion, et parlait souvent à son oncle de son confesseur, l'abbé Dupan-

loup.

Un jour, où la conversation était sur lui, M. de Talleyrand dit : « Madame de Dino, il faut prier l'abbé Dupanloup à dîner. » Madame de Dino s'empressa d'obéir ; l'abbé vint. Le hasard fit qu'il tomba sur un dîner où la société était légère et le langage mondain.

Quelques jours après, il reçut une nouvelle invitation, qu'il refusa. En l'apprenant, M. de Talleyrand dit : « Vous me l'aviez donné pour un homme d'esprit. C'est donc un sot que cet abbé... Cela ne comprend donc pas ! »

-oxo-

123. Le 10 mars 1838, M. de Talleyrand prononça à l'Académie, l'éloge de Reinhard. Quelque temps avant la cérémonie, on était effrayé, dans son intérieur, de la fatigue que lui préparait cette séance solennelle ; et après avoir employé tous les moyens de l'en dissuader, on eut recours à Cruveilhier, son médecin, qui alla jusqu'à lui dire qu'il ne répondait pas des suites.

« Et qui vous demande d'en répondre ? » reprit M. de Talleyrand, avec sa parole lente et flegmatique.

-oxo-

124. La duchesse de Dino étant tombée malade à la campagne, demanda à recevoir les sacrements. M. de Talleyrand, la croyant au point le plus bas, accourut, et parut étonné de la trouver dans un état passable.

« Que voulez-vous, dit la duchesse, c'est d'un bon effet pour les gens. »

M. de Talleyrand, après un moment de réflexion, reprit :

« Il est vrai qu'il n'y a pas de sentiment moins aristocratique que l'incrédulité. »

-oxo-

125. Lorsque Louis-Philippe vint visiter M. de Talleyrand à son lit de mort, celui-ci dit au roi : « Sire, c'est un grand honneur pour *ma maison.* »

-oxo-

126. Monseigneur de Quélen ayant dit hautement « qu'il aurait donné sa vie pour la réconciliation de M. de Talleyrand avec l'Eglise », ce propos fut rapporté par l'abbé Dupanloup au mourant qui répondit avec ce ton persifleur qu'il savait si bien prendre : « Monseigneur a un bien meilleur usage à en faire. »

-oxo-

127. Le 17 mai 1838, jour de la mort de M. de Talleyrand, sa petite nièce, qui allait faire sa première communion, s'étant approchée de lui, il la montra à ses amis, en disant : « Voilà les deux extrémités de la vie : la première communion et moi ! »

-oxo-

M. DE TALLEYRAND

ET

SES CONTEMPORAINS

1. Chevrier est l'auteur de l'épigramme suivante :

De Roquette en son temps, Talleyrand dans le nôtre
   Furent tous deux prélats d'Autun.
   Tartufe est le portrait de l'un,
   Ah ! si Molière eût connu l'autre !

-oxo-

2. Sir Henry Lytton Bulwer estimait, en 1868, que le programme de réformes présenté en 1789 par M. de Talleyrand au clergé de son diocèse, s'il avait été complètement réalisé, eût été pour la France le plus raisonnable et le plus sûr des régimes.

-oxo-

3. Un jour, à Hambourg, M. de Talleyrand entre dans un salon où l'on parlait précisément de lui. Il s'informe du sujet de la conversation.

« Nous parlions, dit Rivarol, de quelqu'un que l'on pourrait prendre pour la justice d'Horace[6], si ce n'était elle qui, depuis longtemps, court après lui. »

-oxo-

4. Mademoiselle Raucourt disait de M. de Talleyrand :

« Si vous le questionnez, c'est une boîte de fer-blanc dont vous ne tirerez pas un mot ; si vous ne lui demandez rien, bientôt vous ne saurez comment l'arrêter, ce sera une véritable commère. »

-oxo-

5. Barras disait de M. de Talleyrand : « Il eût donné un parfum au fumier. »

-oxo-

6. M. de Talleyrand eut fort le désir d'épouser Madame de Buffon, ancienne maîtresse du duc d'Orléans, Philippe-Égalité. Mais celle-ci refusa, ne pouvant vaincre sa répugnance à devenir la femme d'un ancien évêque.

-oxo-

7. Quand M. de Talleyrand fut nommé vice-grand électeur d'Empire, Fouché, qui s'y connaissait, dit :

« Dans le nombre cela ne paraîtra pas, ce n'est qu'un vice de plus »

-oxo-

---

6 *Pede pœna claudo.* (Le châtiment suit le crime *en boitant*).

8. L'empereur dit un jour à M. de Talleyrand :

« Voyons, Talleyrand, la main sur la conscience, combien avez-vous gagné avec moi ? »

Une autre fois, à Mayence, il dit à un prince, membre de la Confédération du Rhin : « Combien Talleyrand vous a-t-il coûté ? »

-oxo-

9. Le visage de M. de Talleyrand était d'une impassibilité telle qu'elle fit dire à Murat : « Si, quand cet homme vous parle, son derrière recevait un coup de pied, sa figure ne vous en dirait rien. »

-oxo-

10. Madame de Chevreuse, que l'Empereur avait obligée à accepter la charge de dame de l'Impératrice, s'arrangea, un jour où le duc de Luynes, son beau-père, donnait une grande soirée, pour établir la partie de M. de Talleyrand vis-à-vis d'un buste de Louis XVI placé sur une console et entouré de candélabres et d'une multitude de vases remplis de lis formant autel.

-oxo-

11. En 1809, l'Empereur, assis à Schönbrun au bureau de Marie-Thérèse, reprochait à M. de Champagny les lenteurs apportées dans les négociations : « Talleyrand, lui disait-il, avait une allure plus vive ; cela m'eût coûté trente millions dont il aurait pris la moitié, mais tout serait fini depuis longtemps. »

-oxo-

12. M. de Chateaubriand dit un jour, à propos de la manière dont M. de Talleyrand négociait les traités :

« Quand M. de Talleyrand ne conspire pas, il trafique. »

-oxo-

13. — Vous croyez donc valoir beaucoup ? disait un jour M. de Talleyrand à Barthez.

— Très peu, quand je me considère, répondit Barthez ; beaucoup quand je me compare.

-oxo-

14. Carnot disait, parlant de M. de Talleyrand : « S'il méprise tant les hommes, c'est qu'il s'est beaucoup étudié. »

-oxo-

15. Napoléon, dans un jour de colère, donna de M. de Talleyrand cette définition : « De la merde dans un bas de soie », dont M. de Chateaubriand fit : « De la boue dans un bas de soie. »

-oxo-

16. L'empereur Alexandre, quelques jours avant l'entrée de Louis XVIII à Paris, disait : « En vérité, quand je suis entré dans Paris, je n'avais aucune idée fixe ; je m'en suis rapporté à M. de Talleyrand : il tenait les Bourbons dans une main. Napoléon dans l'autre ; il a ouvert la main qu'il a voulu. »

-oxo-

17. Pozzo di Borgo disait de M. de Talleyrand : « Cet homme s'est fait grand en se rangeant toujours parmi les petits, et en aidant ceux qui avaient le plus besoin de lui. »

-oxo-

18. Il arriva plus d'une fois à l'empereur, dans ses entretiens, de regretter la présence de M. de Talleyrand pendant les Cent-Jours. Il disait de lui : « C'est encore l'homme qui connaît le mieux ce siècle et le monde, les cabinets et les peuples. Il m'a quitté ; je l'avais assez brusquement quitté moi-même ; il s'est souvenu de mes adieux de 1814. »

-oxo-

19. En 1815, Monsieur se laissait dire tout haut par le duc de Fitz-James : « Hé bien, Monseigneur, le vilain boiteux va donc la danser », et approuvait du sourire ce langage contre un homme qui, deux fois en douze mois, avait remis la maison de Bourbon sur le trône.

-oxo-

20. Louis XVIII, qui n'aimait pas M. de Talleyrand, disait au duc d'Escar, son ami : « La famille Talleyrand ne se trompe que d'une lettre : elle n'est pas *de* Périgord, elle est *du* Périgord. »

-oxo-

21. M. de Chateaubriand a dit de M. de Talleyrand :
« Comme il avait reçu beaucoup de mépris, il s'en était impré-

gné, et il l'avait placé dans les deux coins pendants de sa bouche. »

-oxo-

22. Un jour, M. de Talleyrand accusait les députés du côté droit de 1815, de vouloir ramener l'ancien régime.

On entendit M. de P., qui était présent, lui dire assez gaîment : « Mais, Monseigneur, nous savons tous qu'il est impossible de rétablir l'ancien régime. Qui est-ce qui pourrait refaire de vous un évêque ? »

-oxo-

23. Le comte Rostopchine expliquait de la manière suivante son voyage à Paris : « J'ai été à Paris pour voir les deux plus grands comédiens de notre époque : Potier et Talleyrand. »

-oxo-

24. Un jour, on annonça au prince de Condé, M. de Talleyrand-Périgord.

Le prince se lève, reçoit le visiteur et reconnaît le prince de Bénévent. Il feint de le prendre pour son oncle, l'archevêque de Reims, son compagnon d'exil, et alors grand aumônier de la maison du Roi. « Ah ! monsieur l'archevêque, que je suis heureux de vous voir ! »

Puis s'emparant de la conversation, il parle du passé, et, s'emportant en invectives contre la Révolution, l'Empire et tous ceux qui les avaient servis : « Il était fâché de le dire, ajouta-t-il, mais, de tous ces coquins, le plus grand était, sans contredit, le neveu de l'archevêque, qui, doublement apostat, comme gentilhomme et comme prêtre, se trouvait être un des principaux ministres de Bonaparte, lors de l'assassinat du duc d'Enghien. »

M. de Talleyrand ne disait mot et gardait le plus imperturbable sang-froid.

Enfin, il se lève pour se retirer : « Adieu, monseigneur l'archevêque, lui dit le prince, revenez me voir, mais, je vous en conjure, ne m'amenez jamais le drôle que vous avez le malheur d'avoir pour neveu, car, s'il paraissait ici, je serais obligé de le faire jeter par les fenêtres ! »

-oxo-

25. Napoléon disait à Sainte-Hélène : « Fouché était le Talleyrand des clubs ; Talleyrand, le Fouché des salons. »

-oxo-

26. M. de Montrond dit un jour en parlant de M. de Talleyrand : « Qui ne l'aimerait, qui ne l'adorerait, ce cher prince, il est si vicieux ! »

-oxo-

27. M. de Talleyrand étant gravement malade, chacun se demandait comment le diplomate s'arrangerait avec le clergé.

« Soyez tranquilles, dit Louis XVIII à quelques personnes qui s'entretenaient sur ce sujet ; M. de Talleyrand sait assez bien vivre pour savoir mourir. »

-oxo-

28. Lorsque le roi obligea M. de Talleyrand à renvoyer sa femme en Angleterre, on fit le quatrain suivant :

> *Au diable soient les mœurs ! disait Chateaubriand,*
> *Il faut auprès de moi que ma femme revienne.*
> *— Je rends grâces aux mœurs, répliquait Talleyrand,*
> *Je puis enfin répudier la mienne.*

-oxo-

29. Lord Palmerston disait que quand M. de Talleyrand venait le voir pour affaire, il avait presque toujours dans sa voiture M. de Montrond, afin de lui expédier vite ses indications utiles pour jouer et agioter.

-oxo-

30. Le roi Louis-Philippe alla rendre visite à M. de Talleyrand à son lit de mort.

On raconte que M. de Talleyrand dit alors au roi :

« Ah ! Sire, je souffre comme un damné !

— Déjà ! » aurait reparti le roi.

On a conté ceci pour l'abbé Terray.

-oxo-

31. Quand on vint annoncer la mort de M. de Talleyrand au baron ***, celui-ci s'écria : « Quel intérêt Talleyrand a-t-il à mourir ? Dans tous les cas faisons-nous malade. »

Et il se mit au lit.

-oxo-

32. Après la mort de M. de Talleyrand, les légitimistes disaient : « Il est mort en bon gentilhomme. »

Une dame de la vieille cour eut le meilleur mot : « Il est mort, dit-elle, en homme qui sait vivre. »

M. de Blancmaison, qui ne l'aimait pas, disait :

« Après avoir roulé tout le monde, il a voulu finir par rouler le bon Dieu. »

-oxo-

33. Comme on s'étonnait de la fortune laissée par M. de Talleyrand : « Rien d'étonnant, dit quelqu'un, il a vendu tous ceux qui l'ont acheté. »

-oxo-

34. « L'argent, a dit un mémorialiste, était le Dieu de M. de Talleyrand, et si ce Dieu eût eu des évêques à son service, jamais M. de Talleyrand ne se fût fait relever de ses vœux. »

-oxo-

MADAME DE TALLEYRAND

1. En mai 1802, M. de Talleyrand épousa Madame Grand, fille d'un capitaine du port de Pondichéry, qu'il avait connue à son retour de l'émigration. Elle était renommée pour sa beauté et sa naïveté. On ne compte pas les sottises qu'elle a dites.

+

2. Thomas Moore, le poète irlandais, lui ayant été présenté, et voyant qu'elle parlait très purement l'anglais, lui demanda un jour quel était son pays.

Elle répondit avec candeur : « Je suis d'Inde ! »

+

3. Un jour où elle devait recevoir à sa table Denon, après son voyage en Égypte, et M. de Talleyrand l'ayant engagé à lire le récit de ce voyage (il l'avait dans sa bibliothèque), Madame Grand le demanda au secrétaire.

Pendant le dîner, elle parla au savant membre de l'Institut du brave « Vendredi », ajoutant qu'elle avait pris grand intérêt à ses aventures. Elle s'informa de ce qu'était devenu ce fidèle serviteur.

Denon ne comprenait rien à ses questions, tandis que M. de Talleyrand ouvrait de grands yeux.

On s'expliqua enfin. Madame Grand ne se rappelant pas le titre du livre, avait demandé au secrétaire le récit d'un voyage en *on*. Le secrétaire lui avait apporté le voyage de *Robinson Crusoé* !

+

4. Madame de Talleyrand dit un jour, en public et devant M. de Talleyrand, qu'Arthur Dillon était camarade de séminaire de son mari.

+

5. Une autre fois, elle interpella M. de Talleyrand à travers le salon pour lui faire affirmer que l'ornement qu'il aimait le mieux était une croix pastorale en diamants dont elle était parée.

+

6. Comme quelqu'un lui conseillait de faire ajouter de plus grosses pierres à des boucles d'oreilles de perle qu'elle avait, elle lui répondit :

« Vous croyez donc que j'ai épousé le Pape ! »

+

7. Madame de Talleyrand, comme on le sait, avait, au début de sa carrière, fort honnêtement vécu du produit de ses charmes. Cette situation de courtisane devenue grande dame donnait lieu parfois à des quiproquos plaisants. Ainsi, celui-ci, que raconte Madame de Boigne :

« Du temps où elle était Madame Grand, la future Madame de Talleyrand jeta les yeux sur Edouard Dillon, oncle de Madame de Boigne, que l'on appelait alors le beau Dillon. La rupture d'une liaison ayant déterminé le jeune homme à un voyage dans le Levant, il consentit, la veille du départ, à aller souper chez Madame Grand au sortir de l'Opéra. Ils trouvèrent un appartement charmant, un couvert mis pour deux, avec toutes les recherches du métier que faisait Madame Grand. Elle avait les plus beaux cheveux du monde, Dillon se mit à les louanger. Elle lui assura alors qu'il n'en connaissait pas tout le mérite ; et passant dans le cabinet de toilette, elle revint avec les cheveux dénoués, et vêtue seulement de cette parure naturelle. Le souper s'acheva dans ce costume aimable et simple. Le lendemain, Dillon partit pour l'Egypte.

« Ceci se passait en 1797. En 1814, ce même Dillon, retour d'émigration, accompagnait sa nièce chez Madame de Talleyrand. En voiture, il lui raconta la dernière visite qu'il avait faite à celle qu'il allait revoir pour la première fois depuis si longtemps. Madame de Boigne se réjouit fort de ce récit.

« Lorsqu'ils arrivèrent rue Saint-Florentin, Madame de Talleyrand accueillit le beau Dillon et sa nièce avec la plus grande simplicité. Mais au bout de quelques minutes, elle se mit à caresser la coiffure de la jeune Madame de Boigne, à vanter ses cheveux, à calculer leur longueur, et se tournant subitement du côté de son oncle placé derrière sa chaise :

« Monsieur Dillon, vous aimez les beaux cheveux ! »

« Heureusement, dit Madame de Boigne, nos yeux ne pouvaient se rencontrer, car il nous eût été impossible de conserver notre sérieux.

ADDENDA (2022)

Ce qu'on a dit à son propos

1. Voici l'intégralité de la tirade à laquelle il est fait allusion partiellement plus haut :

« Vous êtes un voleur, un lâche, un homme sans foi ; vous ne croyiez pas à Dieu ; vous avez, toute votre vie, manqué à tous vos devoirs, vous avez trompé, trahi tout le monde ; il n'y a pour vous rien de sacré ; vous vendriez votre père. Je vous ai comblé de biens et il n'y a rien dont vous ne soyez capable contre moi. Tenez, vous êtes de la merde dans un bas de soie ».

- Napoléon le 27 janvier 1809, ayant appris la supposée conjuration contre lui fomentée par Talleyrand et Fouché.

-oxo-

2. « Le moulinet tourne comme Monsieur de Talleyrand. On pourrait mettre ce moulinet-là dans le Dictionnaire des girouettes ? » - Victor Hugo

-oxo-

3. « Pour cet ancien évêque, les vases les plus sacrés étaient les pots de vin. » - Duc de Dalberg

-oxo-

4. « Tout à coup une porte s'ouvre : entre silencieusement le

vice appuyé sur le bras du crime, M. de Talleyrand marchant soutenu par M. Fouché. » - Chateaubriand dans *Mémoires d'Outre-Tombe*, à propos de l'entrevue de Fouché avec Louis XVIII organisée par Talleyrand.

-oxo-

5. « Talleyrand est un homme d'infiniment d'esprit qui a toujours besoin d'argent. » - Stendhal

-oxo-

6. « C'est un homme d'intrigue, d'une grande immoralité, mais avec beaucoup d'esprit, et certes, le plus capable des ministres que j'aie eus. » - Napoléon s'adressant à Caulaincourt pendant la retraite de Russie, en 1812.

-oxo-

7. « Pour de l'argent, Talleyrand vendrait son âme, et il aurait raison, car il troquerait son fumier contre de l'or. » - Mirabeau

-oxo-

8. « Nous avons ici devant nous le plus grand diplomate du siècle. » - Goethe devant le portrait de Talleyrand par Gérard.

-oxo-

9. M. de Talleyrand étant gravement malade, chacun se demandait comment le diplomate s'arrangerait avec le clergé. « Soyez tranquilles, dit Louis XVIII à quelques personnes qui

s'entretenaient sur ce sujet, M. de Talleyrand sait assez bien vivre pour savoir mourir. » Louis XVIII

-oxo-

10. « Talleyrand, ci-devant noble, ci-devant prêtre, ci-devant évêque, avait trahi les deux ordres auxquels il appartenait. » - Louis Madelin, *Histoire du Consulat et de l'Empire*.

-oxo-

11. « M. de Talleyrand n'est devenu si riche que pour avoir toujours vendu ceux qui l'achetaient. » - Aimée de Coigny.

-oxo-

12. « M. de Talleyrand n'a eu aucun plan, aucune grande aspiration. Mais comme il portait dans la politique l'extrême finesse avec laquelle il gagnait sa vie, il s'aperçut facilement que l'alliance anglaise était la seule convenable pour la France… L'adresse de Monsieur de Talleyrand ne l'a réellement conduit à de grandes choses qu'à Vienne lorsque, avant Waterloo, il empêcha les rois de l'Europe de prendre peur et les força à marcher vite et à ne pas laisser à l'homme le temps de s'établir ». - Stendhal

-oxo-

13. George Sand sur Talleyrand : « Une exception de la nature, une monstruosité si rare que le genre humain, tout en le méprisant, l'a contemplé avec une imbécile admiration. »

14. « Le seul maître que Talleyrand n'ait jamais trahi est le fromage de Brie » disent les uns, « La cuisine est la seule cause qu'il n'ait jamais trahie » chuchotent d'autres.

-oxo-

15. « Comment voulez-vous que cet homme ne soit pas riche, ayant vendu tous ceux qui l'ont acheté. » – Amiral Decres

-oxo-

16. « Cet homme n'avait pas de défaut, quoiqu'il eût tous les vices. » – Marquise de la Tour du Pin

-oxo-

Citations de M. de Talleyrand

1. « Mon Dieu, Sire, je n'ai vraiment rien fait pour cela, c'est quelque chose d'inexplicable que j'ai en moi et qui porte malheur aux gouvernements qui me négligent. » (à Louis XVIII qui lui demandait comment il avait pu voir la fin de tant de régimes).

-oxo-

2. Un ministère qu'on soutient est un ministère qui tombe.

-oxo-

3. Agiter le peuple avant de s'en servir, sage maxime.

-oxo-

4. Le mariage est une si belle chose qu'il faut y penser pendant toute sa vie.

-oxo-

5. Le café : Noir comme le diable, Chaud comme l'enfer, Pur comme un ange, Doux comme l'amour.

-oxo-

6. Qui n'a pas les moyens de ses ambitions a tous les soucis.

-oxo-

7. On ne croit qu'en ceux qui croient en eux.

-oxo-

8. Les hommes sont comme les statues, il faut les voir en place.

-oxo-

9. Le meilleur auxiliaire d'un diplomate, c'est bien son cuisinier.

-oxo-

10. On dit de moi ou trop de bien ou trop de mal. Je jouis des honneurs de l'exagération...

-oxo-

11. Ne dites jamais du mal de vous ; vos amis en diront toujours assez.

-oxo-

12. On connaît, dans les grandes cours, un autre moyen de se grandir : c'est de se courber.

-oxo-

13. Il y a trois sortes de savoir : le savoir proprement dit, le savoir-faire et le savoir-vivre ; les deux derniers dispensent assez bien du premier.

14. Le mensonge est une si excellente chose qu'il ne faut pas en abuser.

-oxo-

15. Il n'y a qu'une seule chose que nous aimions à voir partager avec nous, quoiqu'elle nous soit bien chère, c'est notre opinion.

-oxo-

16. Il y a une chose plus terrible que la calomnie, c'est la vérité.

-oxo-

17. Il faut se garder des premiers mouvements parce qu'ils sont presque toujours honnêtes.

-oxo-

18. La vie intérieure seule peut remplacer toutes les chimères.

-oxo-

19. Le meilleur moyen de renverser un gouvernement, c'est d'en faire partie.

-oxo-

20. On peut violer les lois sans qu'elles crient.

-oxo-

21. Si cela va sans dire, cela ira encore mieux en le disant.

-oxo-

22. Les femmes pardonnent parfois à celui qui brusque l'occasion, mais jamais à celui qui la manque.

-oxo-

23. Là où tant d'hommes ont échoué, une femme peut réussir.

-oxo-

24. Où il y a un traité, il y a un canif.

-oxo-

25. Les régimes passent, la France reste. Parfois en servant un régime avec ardeur, on peut trahir tous les intérêts de son pays, mais en servant celui-ci on est sûr de ne trahir que des intermittences.

-oxo-

26. Fouché a le plus grand mépris pour l'espèce humaine, parce qu'il s'est beaucoup étudié.

-oxo-

27. L'Angleterre a deux sauces et trois cents religions ; la France au contraire, a deux religions, mais plus de trois cents sauces.

28. Soyez à leurs pieds. À leurs genoux... Mais jamais dans leurs mains.

-oxo-

29. Tout ce qui est excessif est insignifiant.

-oxo-

30. Les mécontents, ce sont des pauvres qui réfléchissent.

-oxo-

31. Que voulez-vous, mon cher, la religion se perd !

-oxo-

32. « Oui » et « non » sont les mots les plus courts et les plus faciles à prononcer, et ceux qui demandent le plus d'examen.

-oxo-

33. Être du monde, quel ennui ! – Mais ne pas en être, quel drame !

-oxo-

34. Dans les temps de révolutions, on ne trouve d'habileté que dans la hardiesse, et de grandeur que dans l'exagération.

-oxo-

35. Si les gens savaient par quels petits hommes ils sont gouvernés, ils se révolteraient vite.

-oxo-

36. Je pardonne aux gens de n'être pas de mon avis ; je ne leur pardonne pas de n'être pas du leur.

-oxo-

37. Les financiers ne font bien leurs affaires que lorsque l'État les fait mal.

-oxo-

38. En politique, ce qui est cru devient plus important que ce qui est vrai.

-oxo-

39. La vie serait supportable s'il n'y avait pas les plaisirs.

-oxo-

40. « Sire, l'on peut tout faire avec des baïonnettes, sauf se mettre assis dessus. » (À Bonaparte en Brumaire, lors de l'évacuation de la Chambre des députés.)

-oxo-

41. La franchise est toujours invoquée pour exprimer les choses désagréables à entendre ; les compliments s'en passent.

42. Pour être agréable en société, il faut expliquer bien des choses que l'on sait déjà !

-oxo-

43. Ceux qui parlent ne savent pas, ceux qui savent ne parlent pas.

-oxo-

44. On passe sa vie à dire adieu à ceux qui partent, jusqu'au jour où l'on dit adieu à ceux qui restent.

-oxo-

45. Il n'y a qu'une façon de dire oui, c'est « oui », toutes les autres veulent dire non.

-oxo-

46. En politique, il n'y a pas de convictions, il n'y a que des circonstances.

-oxo-

47. L'homme est une intelligence contrariée par des organes.

-oxo-

48. Rien de grand n'a de grands commencements, ni les chênes, ni les fleuves, ni les royaumes, ni les hommes de génie.

-oxo-

49. Il y a des montagnes qui accouchent d'une souris, et d'autres qui accouchent d'un volcan.

-oxo-

50. Il est vrai qu'il n'y a pas de sentiment moins aristocratique que l'incrédulité.

-oxo-

51. Pas de zèle !

-oxo-

52. L'industrie ne fait qu'affaiblir la moralité nationale. Il faut que la France soit agricole.

-oxo-

53. L'homme est prêt à tout pourvu qu'on le lui dise avec mystère ; qui veut être cru doit parler bas.

-oxo-

54. L'ambition dont on n'a pas les talents est un crime.

-oxo-

55. Quand je me regarde, je me désole. Quand je me compare, je me console.

-oxo-

56. Un ministre de la Police est quelqu'un qui s'occupe d'abord de ce qui le regarde et ensuite de ce qui ne le regarde pas.

-oxo-

57. Gouverner les êtres humains, c'est connaître leurs vrais besoins, et non pas obéir à leurs caprices déréglés.

-oxo-

58. On me croit immoral et machiavélique, je ne suis qu'impassible et dédaigneux.

-oxo-

59. « Sire, c'est à vous de sauver l'Europe et vous n'y parviendrez qu'en tenant tête à Napoléon. Le peuple français est civilisé, son souverain ne l'est pas. Le souverain de Russie est civilisé, son peuple ne l'est pas : c'est donc au souverain de Russie d'être l'allié du peuple français. » (Au Tsar Alexandre II, Erfurt, 27 sept. 1809)

-oxo-

60. Je me suis mis à la disposition des événements et, pourvu que je restasse Français, tout me convenait.

-oxo-

70. « Maintenant, Sire, la coalition est dissoute et elle l'est pour toujours. La France n'est plus isolée en Europe. » (Lettre à

Louis XVIII – 4 janv. 1815)

-oxo-

71. « Il faut tuer Bonaparte comme un chien enragé. » (Congrès de Vienne – 12 mars 1815)

-oxo-

72. J'arrive à La Malmaison et savez-vous où le Premier Consul avait établi son cabinet de travail ? Dans l'un des boulingrins (jardins) ; on était assis sur l'herbe... Quel homme ! Il se croit toujours dans un camp.

-oxo-

73. C'est le caractère qui fait l'homme.

-oxo-

74. Si c'est urgent, c'est qu'il est déjà trop tard.

-oxo-

75. Quand les cartes sont brouillées et que les affaires paraissent désespérées, il n'y a qu'à laisser aller les choses, comme l'eau coule à sa pente ; elles finissent toujours par se débrouiller toute seules et s'arranger d'elles-mêmes. Rien faire et laisser dire.

-oxo-

76. Il est bien malaisé d'être fidèle dans un pays qui change d'avis avec tant de désinvolture.

-oxo-

77. Pour rester dans son parti, il faut changer plusieurs fois d'opinion.

-oxo-

78. Deux cents protocoles ne feront jamais de la Belgique une nation. Cela ne peut tenir.

-oxo-

79. C'est son désir de moi qui m'attire. Qu'est-ce qu'elle me veut ? Que peut-elle bien voir en moi que je n'ai jamais vu ?

-oxo-

80. Les trois hommes qui ont reçu sur la terre le plus de louanges sont : Auguste, Louis XIV et Napoléon. Les époques et le talent ont donné à ces louanges des rédactions différentes ; mais au fond, c'est la même chose.

-oxo-

81. Qui n'a risqué que des mises légères se trouve bientôt entraîné dans des mises considérables.

-oxo-

82. Le désespoir et la misère ont toujours eu les plus terribles conséquences.

-oxo-

83. La ruse succède à la ruse... Les pièges sont semés de toutes parts sous les pas de l'ignorance.

-oxo-

84. On reçoit quelqu'un suivant son nom et l'habit qu'il porte, on le reconduit suivant l'esprit qu'il montre.

-oxo-

85. Le monde, en général, n'aime qu'au profit de son intérêt.

-oxo-

86. Mieux vaut remettre au lendemain ce que l'on ne peut bien faire aujourd'hui.

-oxo-

87. À chaque jour ses difficultés et ses soucis.

-oxo-

88. La fixité dans les natures composées tient à leur souplesse.

-oxo-

89. La trahison, Sire, c'est là une question de date.

90. Je n'ignore point la résistance qu'oppose la routine, cet ennemi aveugle et opiniâtre du bien qu'on lui présente, tant qu'il porte le caractère de la nouveauté ; je sais avec quelle persévérance elle se replie sans cesse sur elle-même pour perpétuer son empire.

-oxo-

91. Qui n'a pas vécu dans les années voisines de 1789 n'a pas connu le plaisir de vivre.

-oxo-

92. N'expliquez jamais les raisons pour lesquelles vous prenez une décision : la décision peut être bonne et les raisons mauvaises.

-oxo-

93. Les écarts où nous entraîne notre imagination... sont les preuves certaines de notre esprit.

-oxo-

94. Ne dites pas de mal de vos ennemis, n'en parlez pas. Mais dites du bien de vos amis.

-oxo-

95. Sire, la Russie a un peuple barbare et un prince civilisé. La France a un peuple civilisé et un prince barbare.

-oxo-

96. La loi ne doit être que la volonté écrite de la liberté elle-même.

-oxo-

97. La véritable primatie, la seule utile et raisonnable, la seule qui convienne à des hommes libres et éclairés, est d'être maître chez soi.

-oxo-

98. De nos jours, il n'est pas facile de tromper longtemps. Il y a quelqu'un qui a plus d'esprit que Voltaire, plus d'esprit que Bonaparte, plus d'esprit que chacun des directeurs, que chacun des ministres passés, présents et à venir, c'est tout le monde.

-oxo-

99. Appuyons-nous sur les principes, ils finiront bien par céder.

-oxo-

100. Toutes les fois que le pouvoir parle au peuple, on peut être sûr qu'il demande de l'argent ou des soldats.

-oxo-

101. L'envie, principe de la Révolution française, a pris le masque d'une égalité dérisoire ; elle promène son insultant niveau sur toutes les têtes, pour détruire ces innocentes supériorités que les distinctions sociales établissent.

102. Le secret de plaire dans le monde est de se laisser apprendre des choses qu'on sait par des gens qui ne les savent pas.

-oxo-

103. Quand on a dix pas à faire et qu'on en a fait neuf, on n'est qu'à moitié chemin.

-oxo-

104. C'est prodigieux tout ce que ne peuvent pas ceux qui peuvent tout.

-oxo-

105. Il y a beaucoup de mauvaises chances et il y en a aussi quelques bonnes : c'est le cheveu de l'Occasion. La Fortune frappe au moins une fois : si on n'est pas prêt à la recevoir, elle entre par la porte et sort par la fenêtre.

=OXO=

et encore...

Notre tour d'horizon ne serait pas complet, sans certaines réparties ou anecdotes célèbres :

Supérieurement intelligent, cultivé... et sans scrupule, Talleyrand est un des personnages les plus complexes de l'Histoire, et donc l'un des plus controversés. Il fallait toujours se méfier quand on lui parlait... Même quand il exerça – de façon bien provisoire – ses fonctions ecclésiastiques.

Une pénitente avait pris le risque de lui confesser :

— Mon père, je m'accuse de m'être regardée avec plaisir dans le miroir.

Elle se vit rétorquer :

— Ce n'est pas un péché, c'est une erreur !

-oxo-

Quand Talleyrand se présenta chez Mirabeau, dans l'après-midi du 1er avril 1791, deux prêtres faisaient antichambre. L'un était envoyé par la vieille marquise de Mirabeau soucieuse du salut de l'âme bien pécheresse de son fils, l'autre était le curé de la paroisse venu de sa propre initiative ...

Talleyrand fut introduit dans l'instant auprès du mourant. On entendit murmurer : *Voilà un confesseur bien digne du pénitent !*

-oxo-

Le député Jean-François Reubell, qui était affligé d'un fort strabisme, demanda un jour à Talleyrand :

– Citoyen ministre, comment vont les affaires extérieures ?

– De travers, comme vous voyez !

-oxo-

Après avoir mené une vie de courtisane, Mme Grand, née Catherine Noël Worlee[7], épousa Talleyrand. Napoléon lui dit :

– J'espère que la bonne conduite de la citoyenne Talleyrand fera oublier les légèretés de madame Grand.

– Je ne saurais mieux faire que de suivre l'exemple de la citoyenne Bonaparte.

-oxo-

À la mort de Talleyrand, le comte Pozzo di Borgo dit à Guizot :

– Talleyrand a fait une entrée triomphale aux Enfers. Satan lui a rendu de grands honneurs mais en lui faisant remarquer : « Prince, vous avez un peu dépassé mes instructions. »

-oxo-

Une femme laide lui avait déclaré : «Il paraît, monsieur, que vous vous êtes vanté d'avoir obtenu mes faveurs.» Talleyrand répond : «Oh non, madame, sûrement pas vanté. Accusé peut-être !»

-oxo-

---

7   Ou Verlée.

« Sire, je suis vieux.

– Non, monsieur de Talleyrand, non, vous n'êtes point vieux ; l'ambition ne vieillit point. » lui rétorque Louis XVIII.

-oxo-

Charles X s'exclame : « Un roi qu'on menace n'a de choix qu'entre le trône et l'échafaud !

– Sire, Votre Majesté oublie la chaise de poste ! »

-oxo-

En 1807, le controversé Talleyrand obtient le titre de vice-Grand Électeur de l'Empire. Commentaire de Joseph Fouché :

— Il ne lui manquait que ce vice-là.

-oxo-

Anna Tyskiewicz, future comtesse Potocka, cachait avec soin un strabisme divergent. Mais Talleyrand, le plus célèbre pied-bot de l'Histoire connaissait cette infirmité.

Un jour, elle s'avisa de lui demander :

— Comment allez-vous, Prince ?

— Comme vous voyez, madame, répondit Talleyrand.

-oxo-

Quand Talleyrand se présenta chez Mirabeau, dans l'après-midi du 1er avril 1791, deux prêtres faisaient antichambre. L'un était envoyé par la vieille marquise de Mirabeau soucieuse du salut de l'âme bien pécheresse de son fils, l'autre était le curé de la paroisse venu de sa propre initiative ...

Talleyrand fut introduit dans l'instant auprès du mourant. On entendit murmurer : « *Voilà un confesseur bien digne du pénitent* ! »

-oxo-

Un jour, Talleyrand vit passer Bonaparte, Cambacérès et l'insignifiant Lebrun :

— Voici hic, haec, hoc ! (Celui-ci, celle-là, ça)

-oxo-

Après avoir mené une vie de courtisane, Madame Grand épousa Talleyrand. Napoléon lui dit :

— J'espère que la bonne conduite de la citoyenne Talleyrand fera oublier les légèretés de madame Grand.

— Je ne saurais mieux faire que de suivre l'exemple de la citoyenne Bonaparte.

-oxo-

À la mort de Talleyrand, le comte Pozzo di Borgo dit à Guizot :

— Talleyrand a fait une entrée triomphale aux Enfers. Satan lui a rendu de grands honneurs mais en lui faisant remarquer : « Prince, vous avez un peu dépassé mes instructions. »

-oxo-

Talleyrand s'éteignit le 17 mai 1838. À la fin de sa vie, on osa lui demander s'il ne pensait pas avoir trahi tous les régimes pour lesquels il avait travaillé. Le "Diable boiteux" fit observer.

— Cela prouve bien que je les ai tous servis.

-oxo-

Si Talleyrand aime Mme de Staël pour son érudition, celle qui lui fait tourner la tête par sa beauté, c'est Catherine Grand qu'il a rencontrée aux États-Unis d'Amérique et qui va devenir sa femme et Princesse de Bénévent. Tout opposait les deux femmes: Madame de Staël est une intellectuelle franchement laide alors que Madame Grand est d'une grande beauté : une peau de cygne, des yeux bleus admirables de douceur, des cheveux du plus beau blond cendré et un nez retroussé formant un ensemble parfaitement élégant. Par contre, elle n'avait pas d'esprit pour rivaliser avec celui qu'elle avait su charmer. Un jour qu'on demanda à M. Talleyrand comment il pouvait rester avec une personne si peu intelligente, il répondit :

— Cela me repose !

Il faut dire que Catherine Grand semble avoir été la seule femme à le rendre heureux physiquement. Madame de Flahaut, qui fut une des maîtresses du grand homme, disait de lui :

« Il n'est pas fort dans la chose mais suave dans la manière. »

-oxo-

À son ami le Général Lamarque qui avait répondu à une polémique un peu violente dans un journal par un article un peu vif, il déclara surpris :

— Général, je vous croyais de l'esprit !

-oxo-

Par avance, il avait demandé à ceux qui le suivraient de lui rendre justice, ou, à défaut, de lui témoigner de la clémence : « La postérité portera un jugement plus libre et plus indépendant que les contemporains sur ceux qui, placés comme moi sur le grand théâtre du monde, à une des époques les plus extraordinaires de l'histoire, ont droit, par cela même, d'être jugés avec plus d'impartialité et plus d'équité. »

-oxo-

TABLE DES MATIÈRES

Préface	7
L'esprit de M. de Talleyrand (1 à 127)	9
M. de Talleyrand et ses Contemporains... (1 à 34)	51
Madame de Talleyrand (1 à 7)	63
Addenda 2022	69
Ce qu'on a dit à son propos (1 à 16)	71
Citations de M. de Talleyrand (1 à 105)	75
et encore...	91